Louis GUIBERT

UN LIVRE

SUR

L'ABBAYE DE SAINT-MARTIAL

DE LIMOGES

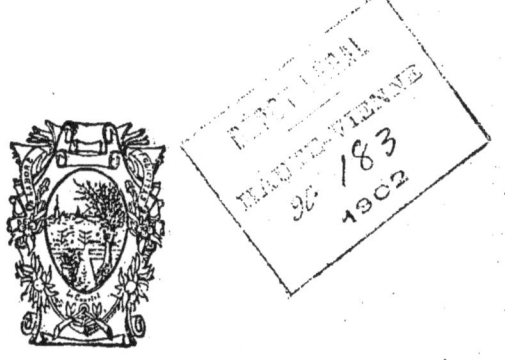

LIMOGES
IMPRIMERIE ET LIBRAIRIE LIMOUSINES
Vᵉ H. DUCOURTIEUX
7, RUE DES ARÈNES, 7

1902

OUVRAGES DU MÊME AUTEUR :

Le Château de Châlucet (avec un plan). — Limoges, Sourilas-Ardillier, 1863 (2e édit., revue et augmentée, 1871).
Crucifixa. — Paris, Dentu, 1863.
Rimes franches. — Paris, Librairie centrale, 1864.
Dolentia. — Paris, Librairie centrale, 1865.
Légendes du Limousin. — Paris et Tournai, Casterman, éd. 1864, 1866 et 1876.
Limoges et le Limousin. — Paris et Tournai, Casterman, éd. 1868 et 1875.
Quelques notes sur la surveillance légale, lettre à un député. — Paris, F. Henry, 1870.
Les Employés de Préfecture. — Paris, F. Henry, 1870.
L'Assemblée du 8 février et la Loi électorale. — Lyon, Josserand, 1871.
Un Journaliste Girondin. — Limoges, Sourilas-Ardillier, 1871.
De la Grève, du Travail et du Capital, conférence faite à une Association ouvrière de Lyon, le 30 mai 1870 (extrait de la *Décentralisation*). — Lyon, Josserand, 1871.
Questions électorales. — Paris, E. Lachaud, 1871.
Notes de Voyage (Mauvais jours, Ex intimo, Poésies diverses). — Paris, E. Lachaud, 1872.
La Crise des subsistances et les emprunts de la période révolutionnaire à Limoges (extrait de l'*Almanach limousin*). — Limoges, Vᵉ Ducourtieux, 1873.
Monuments historiques de la Haute-Vienne, rapport de la Commission de la Société archéologique et historique du Limousin (extrait du *Bulletin* de cette Société). — Limoges, Chapoulaud frères, 1874.
Assurances sur la Vie, notions pratiques. — Limoges, Vᵉ Ducourtieux, 1876.
Une page de l'histoire du Clergé français au XVIIIe siècle. Destruction de l'ordre et de l'abbaye de Grandmont. Carte des maisons de l'ordre. — Limoges, librairie Vᵉ Ducourtieux, et Paris, librairie Champion, 1877. 1 vol. in-8° (*Epuisé*).
Rimes couleur du temps. — Paris, Dentu, 1877.
Sceaux et armes de l'Hôtel-de-Ville de Limoges. Sceaux et armes des villes, églises, cours, etc., des trois départements limousins. — Limoges, Chapoulaud, 1878.
Le Parti Girondin dans le département de la Haute-Vienne (extrait de la *Revue historique*). — Paris, 1878.
Les Pénitents (extrait de l'*Almanach limousin*). — Limoges, Vᵉ Ducourtieux, 1879.
Les Confréries de Pénitents en France et notamment dans le diocèse de Limoges. (avec un dessin) — Limoges, Vᵉ Ducourtieux, 1879.
Coutumes singulières de quelques confréries et de quelques églises du diocèse de Limoges. — Limoges, Chapoulaud frères, 1879.
Anciens registres des paroisses de Limoges. — Limoges, Chapoulaud frères, 1881.
France! chants, poèmes et paysages (avec MM. G. David, A. Hervo, P. Micusset et A. Tailhand). — Paris, P. Ollendorff, 1881.
Les Hôtels-de-Ville de Limoges (extrait de l'*Almanach limousin*). — Limoges, Vᵉ Ducourtieux, 1882.
Le Livre de raison d'Etienne Benoist (1426). Avec un fac-simile. — *Ibid.*, 1882.
L'Orfévrerie limousine au milieu du XVIIe siècle (extrait du journal l'*Art*.) Paris, 1882.
Les Dettes de la ville de Limoges et le Conseil municipal. — Limoges, A. Ussel et G. Tarnaud, 1882.
L'Eau de ma Cave, deuxième lettre à la Municipalité et au Conseil municipal. — Limoges, A. Ussel et G. Tarnaud, 1882.
Le Tombeau de Guillaume de Chanac, à Saint-Martial de Limoges (extrait du *Cabinet Historique*). Paris, Champion, 1882. — Réédition, Tulle, Crauffon, 1883.
La Famille limousine d'autrefois, d'après les testaments et la Coutume. — Limoges, librairies Vᵉ Ducourtieux et Leblanc, 1883.
Quelques notes extraites du Cartulaire d'Aureil. — Tulle, Crauffon, 1883.
Les Corporations de métiers en Limousin et spécialement à Limoges (extrait de la *Réforme sociale*). — Paris et Limoges, Ducourtieux, 1883.
L'Instruction primaire en Limousin sous l'ancien régime. — Limoges, Vᵉ Ducourtieux, 1889.

Louis GUIBERT

UN LIVRE

SUR

L'ABBAYE DE SAINT-MARTIAL

DE LIMOGES

LIMOGES
IMPRIMERIE ET LIBRAIRIE LIMOUSINES
Vᵉ H. DUCOURTIEUX
7, RUE DES ARÈNES, 7

1902

LE CHŒUR DE SAINT-MARTIAL, D'APRÈS UN DESSIN CONSERVÉ A LA BIBLIOTHÈQUE NATIONALE

Légende. — *A*. Autel majeur de la basilique. — *B*. Tombeau de Guy d'Arfeuille, cardinal de Saragosse. — *C*. Tombeau de Guillaume de Chanac, cardinal de Mende.

UN LIVRE

sur

L'ABBAYE DE SAINT-MARTIAL

DE LIMOGES

L'Abbaye de Saint-Martial de Limoges, *étude historique, économique et archéologique, précédée de recherches sur la vie du Saint*, par Charles de Lasteyrie, ancien élève de l'Ecole des Chartes. — Paris, Alphonse Picard et fils, éditeurs, 1901. — Un beau volume grand in-8° de 510 pages, avec figures et planches.

L'important ouvrage publié il y a quelques mois par M. Charles de Lasteyrie, sur l'abbaye de Saint-Martial de Limoges, a fait l'objet de comptes rendus critiques d'une certaine ampleur et d'articles sérieusement étudiés. Le travail très solide et très serré que lui a consacré M. Alfred Leroux dans une des dernières livraisons des *Annales du Midi* (n° 52, octobre 1901) et qui complète sur certains points le livre lui-même, tout en donnant lieu à quelques réserves, laisse en somme peu de chose à dire sur un volume où on relève un assez grand nombre d'erreurs de détail et de lacunes la plupart de peu de conséquence, mais dont le plan et l'exécution sont également remarquables. Malgré d'aussi excellentes raisons pour ne pas recommencer une étude déjà faite avec autant de soin que de compétence, nous essaierons d'émettre à notre tour quelques appréciations sur l'œuvre de M. de Lasteyrie : il nous a semblé que le *Bulletin de la Société archéologique et historique du Limousin* devait conserver la trace d'un ouvrage dont le sujet intéresse au plus haut point le passé de notre province. C'est là toute la raison d'être et l'excuse du présent compte rendu.

I

Saint-Martial a été le principal monastère de la région et le plus illustre ; son église, la plus vénérée, la plus célèbre de tous nos sanctuaires : construite sur un tombeau, elle dut au culte si répandu dans le centre de la France et si populaire du premier évêque de Limoges, de celui qu'on a appelé « l'apôtre d'Aquitaine », son existence, sa renommée, sa richesse, ses prérogatives. C'est donc avec raison qu'aux premières pages de son livre, M. de Lasteyrie a cru devoir exposer ce qu'on sait de saint Martial et rappeler les traits principaux de sa double légende. Nous n'avons pas à rentrer ici dans les discussions auxquelles ont donné lieu la *vita brevior* du bienheureux et l'amplification très postérieure connue sous le nom de « légende Aurélienne ». Ce n'est qu'un épisode de la grande controverse sur l'origine des églises des Gaules : controverse qui n'a peut-être pas dit son dernier mot et à laquelle les découvertes archéologiques pourraient apporter des lumières inattendues.

Les lecteurs de notre *Bulletin* savent avec quelle ardeur, un demi-siècle durant, notre regretté président, le cher et vénéré chanoine Arbellot, a pris part à la lutte. Ils ont présents à l'esprit ses arguments, ceux de Mgr Bellet et des autres champions de l'apostolicité ; ils n'ont pas oublié non plus ceux de Mgr Duchesne, des nouveaux Bollandistes et des autres tenants de l'école critique, auxquels le public savant s'est généralement rallié.

L'auteur de l'*Abbaye de Saint-Martial* résume la discussion, en ce qui concerne le premier évêque de Limoges, avec beaucoup de clarté et d'une façon assez complète. Adoptant sur presque tous les points les conclusions de Mgr Duchesne, il tient que celui-ci a rendu, dans la cause de Saint Martial en particulier, un jugement sans appel, et que la question de l'origine de l'église de Limoges est définitivement tranchée aujourd'hui. Peut-être estimera-t-on cette appréciation un peu absolue. Sans rouvrir ici une discussion dans laquelle des savants très bien armés peuvent seuls se hasarder, qu'il nous soit permis de ne point souscrire à ce jugement. Nous ne nous faisons aucune illusion sur la faiblesse de plusieurs des arguments invoqués par les défenseurs de l'apostolicité ; mais ceux de leurs adversaires sont-ils donc tous si solides et si sûrs ? Au cours de ces discussions, on a beaucoup parlé de faux et notre premier chroniqueur, Adémar de Chabannes, a été accusé, non seulement sans preuves, mais sans vraisemblance, d'avoir fabriqué la seconde légende de saint Martial. Les faux, assurément, n'ont pas été rares au moyen âge ; mais il ne faudrait pas en voir partout. Plus d'un document de cette époque, proclamé archi suspect, a été ensuite reconnu authentique : les chartes des *Gesta Aldrici* du Mans, par exemple. Il serait donc prudent d'apporter un peu plus de réserve dans des allégations de cette espèce.

Au fond, ce qui fait la faiblesse des traditionnalistes, ce ne sont ni les écarts d'imagination de leurs légendes, ni la suspicion qui peut s'attacher à certaines œuvres ou à certains manuscrits invoqués par eux, ni la puissance des arguments de leurs adversaires : c'est le défaut de monuments et de textes d'une antiquité suffisante à l'appui de leur thèse. Il n'est pas impossible, nous le disions tout à l'heure, que textes et monuments se découvrent quelque jour; mais pour l'instant, on ne saurait disconvenir qu'ils manquent. Par contre, le passage si souvent cité de l'*Historia Francorum* de Grégoire de Tours, relatif à la mission des sept évêques en Gaule, vers 250, reste le principal argument positif, on peut dire la seule articulation catégorique, opposée par l'école critique à la thèse des partisans de l'apostolicité. Or, il est établi que deux de ces sept apôtres, Trophime et Saturnin, sont venus en Gaule avant l'époque indiquée ici par le premier historien des Francs : M. de Lasteyrie le reconnaît après Mgr Duchesne. Ce point acquis, même en l'absence de tout document infirmant l'assertion de Grégoire de Tours au sujet des cinq autres prédicateurs de l'Evangile, le texte en question, pris en défaut, non seulement dans le propre passage invoqué, mais dans une articulation ayant trait à l'objet précis de la controverse, peut-il vraiment, dans les énonciations non encore reconnues inexactes, fournir un argument bien solide et jouir d'un grand crédit? Et n'a-t-on pas le droit de manifester quelque surprise en voyant des savants, qui se montrent difficiles en matière de témoignages, attacher à celui-ci une valeur aussi considérable, en dépit de la suspicion où permettent de le tenir les règles les plus élémentaires de la critique historique?

Nous avons dit que, sans raison plausible, le chroniqueur Adémar de Chabannes a été catégoriquement accusé d'avoir écrit, sous le nom d'Aurélien, pour les besoins de la cause dont il s'était fait le dévoué champion, la légende où une imagination certainement peu scrupuleuse s'est donné carrière. M. de Lasteyrie refuse de suivre jusque-là Mgr Duchesne et ne souscrit point à cette imputation. En fixant la composition de cette vie, incontestablement très postérieure à la *Vita brevior*, à une date rapprochée de l'incendie de 952, notre auteur émet une opinion qui ne paraît pas devoir soulever d'objection bien sérieuse, en ce qui concerne le texte même de cette légende ; car plusieurs au moins des traditions qui y sont consignées avaient cours sans nul doute à une époque antérieure.

II

Quant à l'ancienne Vie, à la légende primitive, il est établi que le manuscrit qu'en possède la bibliothèque de Carlsruhe a été exécuté au plus tard en 846. On n'en connaît pas actuellement de plus ancien ; mais cela ne veut pas dire que la composition de cette courte biographie ne remonte pas au-delà du neuvième siècle. On a voulu en déterminer la date par le *cursus* qui y est employé : la preuve qu'on prétend en tirer ne semble pas péremptoire. On ne peut non plus affirmer que l'ancienne légende soit antérieure à Grégoire de Tours et que celui-ci l'ait connue. Au fond, que l'ouvrage lui-même soit du cinquième ou sixième siècle, voire du huitième, la chose en soi importerait peu. Ce qu'on tient à savoir, c'est si la tradition relative à la venue de saint Martial à Limoges aux temps apostoliques se rencontre à une date antérieure à ce document.

A ce sujet, il nous paraît qu'on n'a pas accordé une attention suffisante à un fait assez remarquable cependant : l'érection, par ordre du pape Jean XIX (1024-1032) dans la basilique de Saint-Pierre de Rome, d'un autel à saint Martial comme à un des premiers semeurs de la parole évangélique. Une lettre de ce souverain pontife, adressée à Jourdain, évêque de Limoges, au clergé de son diocèse et à tous les évêques des Gaules, l'énonce expressément en termes témoignant que l'auteur adhère au récit de la légende aurélienne, tout au moins à une partie des traditions qu'elle aurait recueillies. L'authenticité de ce document, inséré à divers recueils de bulles, n'a jamais été mise en doute, et si le promoteur de la Foi, dans son sévère examen des pièces produites en 1854 à la Sacrée Congrégation des Rites à l'appui de la demande de confirmation du titre et du culte d'apôtre donnés à saint Martial, insère les observations du P. Papebroch sur cette décrétale (1), il ne l'argue en aucune façon de supposition. On doit tenir le fait pour constant. Donc, à Rome, à cette époque, on connaissait les principaux traits de la légende aurélienne (que Mgr Duchesne pense avoir été fabriquée vers ce temps-là précisément par Adémar de Chabannes) et on en acceptait les indications. Est-il vraisemblable que le Souverain-

---

(1) *Sacra rituum congregatione, Em^{mo} et Rev^{mo} Cardinali Morichini relatore,* — *Lemovicen. Confirmationis elogii et cultus ut apostoli quo S. Martialis primus Lemovicensium episcopus hactenus gavisus est,* etc. *Lemovicis, excudebont Barbou fratres,* 1855, in-4° de 92 pages, page 42.

Pontife eût été à ce point influencé par les agissements des moines de Saint-Martial et du clergé aquitain, et qu'il eût accordé une aussi complète créance à des « fables » et à des « faux », pour nous servir des propres expressions de Mgr Duchesne et de M. de Lasteyrie, si les traditions de la ville apostolique n'eussent pas concordé avec la tradition locale, au moins sur les points essentiels ?

D'autres témoignages, outre la lettre de Jean XIX, attestent que l'Italie, ou du moins certains diocèses de l'Italie honoraient saint Martial comme un apôtre. Le diocèse de Colle di Val d'Elza, qui avait vu son premier miracle, lui accordait ce titre, et dans la province dont Florence était la métropole, le Propre des Saints notait la fête de saint Martial « apostoli et baptistæ Collensium ». Enfin un vieux bréviaire de la basilique de Sainte-Marie *in Via Lata*, renfermait cette leçon : *Inter alios secum (cum sancto Petro) venit beatus Martialis, discipulus J. Christi, qui, una cum beato Petro Romæ Christi fidem prædicabat per vicos et plateas, multosque convertebat... Beatus Martialis morabatur in alia parte urbis, in loco qui dicitur Via Lata, ubi construxit modicum oratorium in quo celebrabat, ac cum aliis Christi fidelibus preces fundebat... Videns autem Beatus Petrus quod fides in urbe Romana fundata erat et firma... decrevit Christum adjacentibus provinciis evangelizare, atque infideles ad fidem reducere. Ideo misit Beatum Martialem Ravennam et ad partes ultramontanas ad fidem Christi prædicandam...* (1). — Mais nous n'avons pas à insister sur un sujet qui échappe à notre compétence.

III

Après avoir étudié la légende de saint Martial et montré quels développements furent donnés au cours des siècles à certains traits de ce récit, M. de Lasteyrie constate que, dès les temps mérovingiens, la dévotion au bienheureux est répandue, et qu'on trouve trace de pèlerinages à son tombeau. Une église sous son vocable existe déjà à Paris au septième siècle : notre saint Eloi la fait rebâtir et couvrir en plomb. Il n'est pas inutile de rappeler ce détail pour l'opposer à l'assertion de M. Leroux, dans les *Annales du Midi*, que le culte de Saint Martial « n'a guère débordé hors de la ville de Limoges et du Limousin ». Les noms de rois ou princes d'Espagne inscrits aux anciens nécrologes du monastère (2) ; l'envoi, en 1018, à l'abbaye, de Maures faits prisonniers lors d'une attaque

(1) *Confirmationis elogii et cultus*, etc., p. 20.
(2) *Urraca, soror regis Ispanie... depositio domni Frezelanni regis.*

dirigée contre Narbonne; la venue, vers 1170, de chanoines de Lincoln à Limoges pour solliciter des reliques; enfin, la mention d'un certain nombre d'étrangers dans les actes de société spirituelle de l'abbaye suffiraient à démontrer que cette appréciation est peu conforme à la réalité des faits. L'existence et la permanence d'un grand pèlerinage nous sembleraient justifier la conclusion opposée : tout indique, au surplus, que M. de Lasteyrie ne partage pas, à cet égard, l'avis de M. Leroux.

L'auteur de notre livre n'a pas prêté attention à un détail qui a une certaine importance et peut aider à comprendre plusieurs événements de l'histoire locale. Les clercs qui desservaient la petite église construite fort anciennement sur la *confession* où reposaient les restes de Saint Martial et de ses compagnons, ne constituaient pas une congrégation spéciale. Ils appartenaient au groupe des ecclésiastiques, des chanoines si l'on veut, de la Cité et de l'église Saint-Etienne. C'est la chronique de Vigeois qui nous l'apprend (Labbe : *Nova Bibliotheca*, t. II, pages 311-312), et elle s'exprime sur ce sujet en termes qui ne prêtent point à l'équivoque : *In diebus antiquis*, dit le prieur Geoffroi, *una canonicorum congregatio possedit prerogativam Sancti Stephani Sanctique Martialis; et congregatio quæ apud Sanctum Martialem manebat, vigilia Natalis Domini apud Sanctum Stephanum descendens, eidem ecclesiæ præsidebat usque in vigiliam Beati Martialis*, etc. Cet ancien état de choses, que paraissent confirmer certains passages du cartulaire de Saint-Etienne, expliquerait les droits invoqués sur les reliques de l'apôtre d'Aquitaine par le chapitre cathédral et affirmés encore au douzième siècle; l'intervention de ce chapitre à la donation de Saint Martial à Cluny (donation dont la charte mentionne expressément le consentement des chanoines de Saint-Etienne comme celui de l'évêque); enfin les relations toutes particulières qui existèrent toujours entre les deux églises : ainsi l'assistance du chapitre aux obsèques des religieux et réciproquement, la présence des chanoines aux offices de la basilique, le jour notamment de la fête de saint Pierre et de saint Paul (l'oratoire primitif édifié sur le tombeau de Saint Martial était dédié à saint Pierre), où le doyen prenait la place de l'abbé, et où ses confrères occupaient les stalles des moines. La tradition rapportée par Geoffroi de Vigeois justifierait dans une certaine mesure les résistances de l'évêque Stodile à l'adoption de la règle monastique, par les clercs investis de la garde du tombeau de saint Martial, en 848 : ce n'était pas à la simple transformation d'un corps ecclésiastique déjà constitué que s'opposait le prélat, mais au démembrement de son propre chapitre et à la création d'une nouvelle congrégation ayant son siège en dehors de la cité épiscopale. D'après notre chroniqueur, au surplus, le partage des biens concédés par les bienfaiteurs primitifs n'aurait été effectué qu'à l'époque où les gardiens du tombeau de saint Martial prirent l'habit religieux : on comprend mieux, en admettant l'exactitude de cette tradition, ce qui se passa à ce moment, et comment le trésorier Geoffroi put retenir sous sa main et sous la dépendance épiscopale, l'église de Saint-Pierre-du-Queyroix ainsi que le monastère de Saint-Junien. M. de Lasteyrie rappelle du reste (p. 52, 53) cette communauté antérieure de possession, et cite à ce sujet la chronique de Vigeois ; mais les premières lignes de ce texte paraissent lui avoir échappé.

Quant à la construction de l'église du Sauveur sur l'oratoire ou chapelle de Saint-Pierre-du-Sépulcre qui abritait le tombeau de l'apôtre, l'auteur estime avec raison qu'elle ne saurait être attribuée ni à Waïffre ni à Pépin. Les légendes qui rapportent à l'un ou à l'autre de ces personnages la fondation de la basilique limousine ne peuvent se soutenir. M. de Lasteyrie rejette également la tradition, rapportée par Adémar, confirmée par un diplôme des plus suspects, en honneur dans le monastère et acceptée par nombre d'auteurs modernes, suivant laquelle le fils de Charlemagne, Louis le Pieux, aurait, lors d'un séjour au palais de Jocondiac, près Limoges, en 832, assisté à la dédicace de Saint-Sauveur. Suivant lui, et on doit reconnaître que c'est l'hypothèse la plus probable, la construction de l'église aurait seulement été entreprise après l'adoption de la règle bénédictine par les chanoines qui desservaient la chapelle bâtie sur le tombeau de Saint Martial et le pèlerinage qui s'y était établi. On peut croire, s'il en fut ainsi, que l'édifice offrait d'assez modestes proportions, car les moines purent, dès 852, transférer dans la nouvelle église les restes du Saint.

Il faut donner une mention spéciale à ce que dit M. de Lasteyrie sur un sujet que les moines de Saint-Martial eurent singulièrement à cœur, et on le comprend aisément, vu l'importance qu'assurait à leur église la possession même contestée d'un tel privilège : nous voulons parler de la prérogative en vertu de laquelle les ducs d'Aquitaine devaient être sacrés et couronnés dans la basilique de Saint-Sauveur. On ne voit pas que d'autres que Henri Plantagenet, duc d'Anjou, futur roi d'Angleterre (1152) et son fils Richard (1167), y aient reçu à leur avènement une consécration de l'Eglise. Antérieurement, Charles le Simple, fils de Charles le Chauve, avait été couronné roi d'Aquitaine dans ce sanctuaire en 855, par suite de circonstances particulières. La légende avait peu à peu transformé en duchesse d'Aquitaine, sainte Valérie, première conquête de saint Martial à l'Evangile dans notre ville, et en mettant l'anneau de la vierge à leur doigt, les ducs pensaient fortifier leur autorité par une sorte d'investiture religieuse. Il existe un curieux document liturgique fixant le cérémonial de ce sacre : l'*Ordo ad benedicendum ducem Aquitaniæ*, conservé par Besly ; mais ce texte ne remonte pas au-delà du douzième siècle, comme l'a montré M. Robert de Lasteyrie dans son savant mémoire sur les *Comtes et vicomtes de Limoges antérieurs à l'an mil*.

IV

Le chef du monastère établi auprès de la basilique devient le seigneur de l'agglomération la plus importante de la région. Le bourg ou château de Saint-Martial grandit peu à peu, tirant en partie sa force et sa richesse de la faveur dont jouit au loin le culte de son patron. Mais si l'activité commerciale déserte peu à peu la vieille cité de l'évêque; si elle est appelée au dehors par l'affluence des pèlerins, le passage des étrangers, la création d'industries bientôt florissantes, les franchises et la protection royale dont jouit le territoire de Saint-Martial, la ville épiscopale semble un certain temps encore demeurer la capitale officielle. Dès le quinzième et peut-être la fin du quatorzième siècle, il n'en est plus ainsi : l'évêque est, à partir de cette époque, le seul haut dignitaire qui conserve sa résidence dans la Cité.

L'abbé de Saint-Martial, qui a eu à l'origine des officiers de justice spéciaux, inféode ses droits aux vicomtes établis à Limoges par le comte de Toulouse dans la seconde moitié du neuvième siècle, ou peut-être est-il contraint d'accepter ceux-ci comme avoués du monastère, leur puissance augmentant d'un côté, et d'autre part, la population du Château devenant plus dense et les moines n'ayant pas les moyens de la contenir. Aux dixième et onzième siècles, ces seigneurs usurpent souvent les revenus, les droits, le gouvernement du monastère; on les voit disposer non seulement de ses biens, mais de l'abbaye elle-même, et, en 1062, Adémar la donne à Cluny, dont les religieux s'installent par la force l'année suivante. Bientôt les bourgeois seront assez nombreux pour s'organiser en commune et peu à peu ils secoueront l'autorité des abbés et celle des vicomtes.

Nous ne suivrons pas l'historien de Saint-Martial dans son récit de toutes les péripéties et les vicissitudes que subit le monastère.

Après la période de ferveur et de régularité des premiers siècles, après la prospérité matérielle, qui se manifeste encore jusqu'au temps de Saint Louis par des constructions coûteuses, arrive l'heure de l'irrémédiable décadence. Dès longtemps, la « péculiarité » a fait son apparition au sein de la communauté des moines. Les titulaires d'offices ont eu, quelques-uns du moins, leur budget spécial au douzième siècle ; au quinzième, la vie commune sera presque entièrement éteinte et chaque moine se nourrira à son gré avec la petite rente qu'il recevra du fermier des revenus de la pitancerie. La sécularisation du monastère et sa transformation en chapitre en 1535 n'opérera pas un grand changement dans la vie des religieux : la bulle de Paul III consacrera le terme de l'évolution accomplie au cours des deux siècles précédents.

M. de Lasteyrie, et M. Leroux après lui, fixent à peu près aux dernières années du douzième siècle, au temps de l'administration d'Isembert (1174-1198), l'apogée de l'abbaye de Saint-Martial. Il est difficile de ne pas partager leur opinion sur ce point. Les grandes constructions faites dans les deux premiers tiers du treizième siècle et le transfert de la communauté des anciens bâtiments claustraux dans les nouveaux édifices au nord de la basilique, paraissent coïncider avec le début d'une période nouvelle, au cours de laquelle s'éteignent la plupart des hautes vertus dont l'exercice avait jadis rendu célèbre le monastère. Le temps vint où les éloges de Pierre le Vénérable n'étaient plus justifiés et où les religieux, perdant l'esprit de leur état, recherchaient les commodités de la vie auxquelles ils avaient renoncé jadis. Mais, de ce que le sacrifice viril et permanent n'était plus la loi fondamentale de la maison, de ce que l'existence des moines devint moins austère et moins édifiante, presque séculière si l'on veut, s'ensuit-il que les désordres reprochés à quelques abbés se soient étendus à la communauté et que le relâchement des mœurs soit devenu général ou presque général comme le relâchement de la règle? Nous avons peine à le croire, et, bien qu'au milieu des guerres et des événements de toute sorte, les vertus monastiques aient dû être soumises à de rudes épreuves, il ne paraît vraiment pas que les faits de ce genre aient pris de grandes proportions. De l'avis de M. de Lasteyrie, ils furent accidentels ; c'est aussi notre opinion, et M. Alfred Leroux nous semble, dans le compte rendu critique que nous avons cité plus haut, avoir un peu trop généralisé un ou deux faits mentionnés par les documents. Peut-être, par contre, serions nous tenté de trouver qu'après s'être montré bien sévère pour les moines, notre confrère a témoigné une singulière bienveillance pour les chanoines, qui furent, au point de vue de la moralité, du zèle, de la piété, fort peu différents des derniers religieux, au seizième siècle tout au moins.

Le livre de M. de Lasteyrie nous fait connaître les événements d'une façon très complète, avec d'amples références et des citations pleines d'intérêt. Dans les notices consacrées à chaque abbé viennent naturellement s'encadrer tous les faits d'ordre intérieur, tous les épisodes et les particularités d'histoire locale ou provinciale contemporains. Tout cela est exposé avec un grand souci de bonne information, avec clarté, avec méthode : bien que la partie historique de l'ouvrage ne constitue pas son côté neuf, nous trouvons là une histoire de l'abbaye de Saint-Martial telle qu'aucun livre publié jusqu'ici ne nous avait même permis de l'entrevoir, et résumant la substance de tout ce qu'on peut recueillir sur le célèbre monastère dans les documents d'archives, les chroniques et les ouvrages généraux.

C'est là l'histoire proprement dite, et après la lecture de la première partie du livre de M. de Lasteyrie, nous sommes au courant des événements dont la succession constitue cette histoire et des personnages qui y jouent un rôle. Il nous reste à connaître la constitution et la vie proprement dite du monastère, l'anatomie et la physiologie de ce corps que nous venons de voir naître, grandir et décroître.

V

La seconde partie de l'ouvrage est consacrée à l'étude de l'administration intérieure de l'abbaye et de son organisation. L'auteur parle d'abord de l'abbé, prélat de marque, le plus notable des seigneurs ecclésiastiques de la province après l'évêque de Limoges, au moins au moyen-âge ; il indique comment ce dignitaire était choisi, énumère ses privilèges, évalue ses revenus et les charges de sa mense particulière à une époque relativement rapprochée ; car à une date très ancienne, il ne faudrait pas songer à préciser. Suivant lui, le revenu net de la mense abbatiale pouvait s'élever à quinze ou seize mille livres environ au dix-septième siècle. Il nous semble que l'état des charges donné par M. de Lasteyrie est incomplet. Tout au moins faudrait-il indiquer que les taxes de la cour de Rome et les frais d'expédition de bulles grevaient de sommes importantes le budget du nouvel abbé et réduisaient notablement ses ressources. Et puis il y aurait lieu de compter avec les dépenses extraordinaires...

Nous avons déjà dit que chacun des offices importants du monastère avait eu, dès la fin du douzième siècle, des ressources spéciales à l'effet de pourvoir aux obligations propres à la fonction. Des dons ou legs particuliers, avec affectation déterminée, vinrent grossir ces sortes de menses dont le produit, après avoir été attribué tout entier dans les temps de régularité au service commun, fut peu à peu détourné, en partie du moins, de sa destination primitive au profit du titulaire de l'office. M. de Lasteyrie établit très bien cet état de choses qui, de bonne heure, créa dans la communauté une catégorie de prébendés très exposés à perdre l'esprit monastique : aumônier, pitancier, sacristain, chevecier et autres, disposant chacun de revenus importants. Une notice particulière est consacrée, par l'auteur, à chaque office et nous fait connaître les devoirs et les privilèges du titulaire. L'organisation du chapitre fait l'objet d'une étude analogue. Sous la réserve d'une regrettable lacune concernant les écolâtres, et sur laquelle nous reviendrons plus loin, nous ne trouvons guère matière à critique dans ces chapitres clairs, bien documentés et qui nous apprennent beaucoup de choses.

VI

Les historiens ont longtemps négligé d'étudier certains côtés de la vie de nos anciens monastères qui leur ont sans doute paru trop prosaïques. Les questions relatives au temporel des établissements religieux ont pourtant leur importance : l'état de prospérité matérielle ou de gêne d'une abbaye a ses répercussions sur l'état moral et la régularité, et réciproquement. Aussi l'étude économique qui fait l'objet de la troisième partie de notre livre mérite-t-elle une attention toute spéciale. L'auteur nous montre le monastère, après avoir reçu en divers lieux des possessions territoriales considérables, employant une partie des offrandes qu'il reçoit à accroître cette dotation immobilière, à améliorer ses propriétés et à élever des constructions; il se constitue en même temps un trésor mobilier aisément réalisable et d'un transport facile, à tout évènement. A partir du treizième siècle, les placements s'effectuent en acquisition de cens et rentes perpétuelles. Mais les bâtiments vieillissent, se dégradent, tombent en ruines; le trésor est maintes fois pillé; beaucoup de cens et de rentes assis sur des terres qui se morcellent ou situés dans des localités éloignées deviennent d'une perception difficile. De là, des procès, des frais et la perte d'un grand nombre de petites redevances. La fortune de l'abbaye, qui paraît avoir atteint son maximum au treizième siècle, diminue ainsi peu à peu et s'en va par lambeaux. Mais il est une autre cause d'appauvrissement, la plus terrible et la plus inéluctable celle-ci, c'est la diminution du pouvoir de l'argent. Une somme stipulée en 1100 ou en 1200 ne représente, trois cents, quatre cents ans plus tard, sous la même quotité nominale, qu'une valeur réelle fort diminuée, et comme l'abbaye de Saint-Martial ne reçoit plus que des libéralités relativement insignifiantes, elle est, par la force des choses, condamnée à la ruine. M. de Lasteyrie fait toucher du doigt au lecteur, en lui mettant sous les yeux des chiffres, des tableaux, des résumés comparatifs, les effets de cette loi fatale. En vain les religieux, puis les chanoines maintiennent-ils soigneusement les redevances en nature qu'on a eu jadis une tendance fâcheuse à transformer en rentes en argent, et qui, celles-là, ont au contraire augmenté de valeur réelle ; en vain sollicitent-ils de temps en temps la suppression d'un bénéfice dont ils unissent les revenus à ceux de leur mense (et ces unions deviennent de plus en plus difficiles et coûteuses) : l'inexorable évolution économique suit son cours, et le patrimoine de l'abbaye, jadis énorme, se réduit de plus en plus.

VII

Cette troisième partie de l'ouvrage que nous étudions est de nature à donner satisfaction aux personnes désireuses de connaître l'histoire sous toutes ses faces. Nous l'avons lue avec un intérêt tout spécial et nous ne trouvons qu'une petite lacune à y signaler : M. de Lasteyrie ne nous paraît pas avoir assez remarqué la façon particulière dont l'abbaye tirait parti de ses propriétés foncières, de celles du moins placées dans un rayon peu éloigné de Limoges, et les procédés auxquels elle avait recours pour la mise en valeur de ces terres. Nous la voyons, dans la première moitié du treizième siècle par exemple, charger expressément un ou plusieurs de ses religieux de l'organisation de la culture ou de l'amélioration de certains domaines. Ces terres ne constituent nullement un prieuré ; mais on en investit à vie des moines, et on les incite, tant par la perspective d'avantages spirituels que par l'appât plus grossier et plus immédiat de profits matériels, à tirer le meilleur parti possible des fonds qui leur sont confiés. Nous trouvons, notamment, dans les liasses de nos archives, une charte de Guillaume, abbé de Saint-Martial, concédant, en 1224, à frère B. Deuga une propriété du couvent, dite de La Déliade, alors inculte et sans habitants, et lui enjoignant expressément d'y élever les constructions nécessaires, d'y appeler des colons et de la mettre en culture. Pour prix de ses peines, l'abbaye lui laisse, sa vie durant, les produits de ce domaine et s'engage, après sa mort, à célébrer exactement un service anniversaire pour le repos de son âme (1).

Les termes de ce document ne permettent guère de supposer que B. Deuga fût l'ancien propriétaire, donateur des terres de La Déliade, à qui le couvent en laissait la jouissance sa vie durant. — En tout cas, l'hypothèse est inacceptable en ce qui a trait aux quatre personnages auxquels est confié, peu de mois avant, le territoire d'Aigueperse, dont les chroniques du couvent mentionnent le desséchement et la mise en culture à cette même date, et où le continuateur de la *Commemoratio abbatum* nous apprend que l'abbé Isembert avait fait construire des moulins.

Les lettres données au sujet d'Aigueperse concèdent ces terres à Hugues de Charriéras, célérier du vin ; Elie Cofolent, prévôt de Rosier ; Jacques Chauchegrue, prévôt des Combes, et P. de Pratmi, prieur de Mausac. Elles leur sont concédées à vie avec la faculté de dessécher l'étang et de le transformer en cultures. Dans le but sans doute de les aider à accomplir leur œuvre, le couvent leur abandonne, mais seulement durant la vie du prévôt des Combes, la dîme du lieu d'Aigueperse. Ils pourront à leur gré cultiver par eux-mêmes ou donner à cens perpétuel, et l'abbé s'oblige à investir les

(1) *Ego Willelmus, Dei gratia humilis abbas, notum facio quod, communi voluntate capituli nostri, dedimus et concessimus dilecto fratri nostro B. Deuga totam ex integro terram nostram que vulgariter appellatur La Delliada, et quum terra illa tunc erat inhabitata et inculta, injunximus eidem B., in remissionem peccatorum suorum, ut agriculturas et edificia prout sibi et conventui nostro viderit utilius esse, faceret ibidem, et quales quantos (sic) posset homines induceret ad inhabitandum. Quicquid vero fructuum et proventuum ex cadem terra tam de laboribus et edificiis suis quam de hominibus qui manserint ibi vel (?) eorum agriculturis perceperit toto tempore vite sue, propter melioracionem loci illius et augmentacionem pitancie nostri conventus, eidem B. concessimus libere et quiete possidendam. Post illius vero decessum, tota illa terra et edificia in ea constructa et homines inducti ibidem et omnes proventus exinde provenientes cedent in jus et dominium nostri conventus in perpetuum, nec juri (?) alicujus alterius ullatenus umquam transfferantur. Sed predictus conventus per pitanciarium suum vel per alium quem melius voluerit de nostris omnia predicta reget, tuebitur et manutenebit, ad anniversarium ipsius B. faciendum et ad alias utilitates suas expendendas, prout tempus permiserit aut res. Utque ista concessio et donacio nostra rata in posterum habeatur et firmius observetur, cartulam hanc inde fieri et sigilli nostri appensione fecimus roborari. Actum anno Domini m° cc° xxiiij°.*

Ajoutons qu'on lit au nécrologe de Saint-Martial ces mots : *B. Deuga, monacho, qui manso (sic) de La Desthiada adquisivit.* (Archives Haute-Vienne, n° 3503.)

preneurs avec lesquels ils auront traité à cet effet. Mais tandis que la remise de La Déliade à B. Deuga est faite sans stipulation d'aucune redevance, le paiement d'une rente annuelle de dix livres est imposé aux quatre bénéficiaires de l'investiture d'Aigueperse (1).

(1) *Ad presencium et futurorum noticiam volumus pervenire quod nos, Willelmus, abbas sancti Marcialis, libere et absolute contulimus conventui monachorum nostrorum sancti Marcialis, stagnum Aque sparse, cum piscibus, et duo prata, et duo molendina, et terram cultam et incultam, prout P. Sudraus et P. Durans habere solebant et possidere. Conventus autem, cum auctoritate et assensu nostro, omnia supradicta dedit et concessit Hugoni de Charrieiras, tunc temporis cellerario vini; Helie Cofolent, tunc preposito de Rosier; Jacobo Chauchayrua, preposito de Cumbis; P. de Pratmi, priori de Mausac, fratribus nostris, quamdiu vixerint, pacifice habenda et possidenda (*), si voluerint, stangnum nominatum possint redigere ad culturam, vel in eodem statu in quo est detinere. Decimam vero dicti loci eisdem contulimus quamdiu prefatus Jacobus vixerit; postmodum ad nos revertetur. Hoc tamen adjunctum fuit, quod si voluerint per se retinere sive aliis quibuslibet tradere ad culturam, ascensare perpetuo, vel alio modo, prout voluerint... (**) habeant potestatem. Verum si de uno ex illis quatuor, vel de duobus, vel etiam de tribus humaniter contigerit (***), penes superstites, vel superstitem sub predicta forma heedem (sic) remaneant possessiones et jura. Additum etiam fuit quod si per istos iiii^{or} vel per pauciores (si de aliis humaniter eveniret), memorate possessiones vel pars earum darentur perpetuo ad censum, nos, tanquam dominus, tenemur concedere et eos quos ipsi voluerint investire; nec propter concessionem hujusmodi debemus aliquid percipere. Quantum (?) dicti iiii^{or} vel quilibet eorumdem (quando de aliis humaniter contigerit), debent habere venditiones et acaptamenta; et post decessum dictorum iiii^{or}, ad nos dominium, vendiciones et acaptamenta devolventur. Idem etiam fiet per omnia si illi qui (****) possessiones seu redditus earumdem (sic), prout ipsi voluerint disponere, redibunt ad conventum: dominio, venditionibus et decima nobis in integrum reservatis. Nos autem et conventus retinuimus super nominatis possessionibus X libras annuatim redduales. Et si aliquid de redditu, exceptis X libris, residuum fuerit, nominati quatuor ad profectum conventus possunt assignare, ad anniversarium suum, vel ad festum... (*****) celebrandum, prout ipsi maluerint, nec possunt alio modo alienare. Si vero nominati P. Durans et P. Sudraus, vel quisquis alius moveret aliquam questionem vel querelam pro hisdem possessionibus, contra conventum vel iiii^{or} supradictos, vel illos qui haberent causam ab eis, nos tenemur in propriis expensis deffendere et garentire. Decem autem libre solvende sunt talibus terminis, videlicet lx^{ta} sol. in reoctabis (******) Pasche, et alii lx^{ta} die quo anniversarium Hysimberti, quondam abbatis nostri, celebratur; xlt^a in festo Beati Michaelis et lx^a in nativitate Domini sequenti. Actum anno gracie M° CC° XX° III°, mense aprili. Et ad majorem firmitatem, nos et conventus litteras patentes dedimus, sigillorum nostrorum munimine roboratas* (Lacs de cuir; les sceaux ont disparu). Arch. H^{te}-Vienne, fonds de Saint-Martial, n° 7828 prov.).

(*) Une déchirure a enlevé ici un mot de deux ou trois lettres seulement, peut-être *ut*.
(**) Seconde déchirure : un ou deux mots manquent.
(***) Il arrive le destin commun à l'humanité ; s'ils viennent à mourir.
(****) Un mot paraît manquer.
(*****) Déchirure : un mot entier.
(******) Octave redoublée, seconde octave. Nous n'avons relevé dans aucun autre documen d'origine limousine, ce mot qu'on ne trouve pas dans Du Cange.

Dix livres sont à cette époque une somme importante, puisque c'est à cette somme même qu'un accord de 1212 entre la commune et l'abbaye fixe le montant de la contribution annuelle du monastère aux dépenses d'entretien et de réfection des murailles et tours du Château.

VII

La quatrième partie est consacrée à une étude archéologique sur la basilique et le monastère. C'est assurément le morceau le plus friand de l'ouvrage, celui qui doit exciter au plus haut point la curiosité des archéologues, des artistes et des érudits, car c'est une véritable évocation, et pour la première fois le sujet est sérieusement abordé. Oubli vraiment singulier : de cette grande église, une des plus renommées de tout le royaume, la plus célèbre de la province, non seulement aucun ouvrage spécial ne contient l'histoire et la description ; mais c'est à peine si les écrivains du pays s'en sont occupés. En dehors du peu qu'en ont dit, depuis le P. Bonaventure de Saint-Amable, assez confus dans ses indications, les abbés Le Duc, Legros, Bullat, Texier, M. Desmarets et M. Jules Tixier, on ne trouve rien. Nul n'a songé à restituer, à l'aide des plans et dessins qui subsistent encore, des renseignements fournis par les textes historiques ou les documents d'archives, le grand édifice, jadis si bien connu de tous les Limousins, si exactement visité par tous les voyageurs, et à en mettre sous les yeux du public une image aussi fidèle que possible. La tâche n'a pas effrayé M. de Lasteyrie ; il a patiemment recueilli tous les matériaux qui pouvaient aider à la reconstitution entreprise par lui. Il restait à combler de larges lacunes ; il y a travaillé de son mieux, et la description qu'il nous donne est des plus intéressantes et des plus complètes à la fois.

L'église de Saint-Martial proprement dite, la grande église y compris le clocher, avait environ cent deux mètres de longueur. Elle se composait d'une nef de dix travées, ayant des bas-côtés ; d'un transept avec collatéraux, et d'un sanctuaire formé de deux travées et d'un rond-point, avec déambulatoire. Cinq absidioles, dont trois grandes, en garnissaient le pourtour ; une autre absidiole s'ouvrait jadis sur chacun des bras de la croix. Particularité singulière : cette église que quelques archéologues tiennent pour le type des édifices religieux du style dit limousin, ne présentait pas un des caractères les plus saillants des dispositions familières à notre école d'archites. Les collatéraux de La Souterraine, de Saint-Léonard, du Dorat sont d'une étroitesse qui frappe sur le champ les regards. Ceux de

Saint-Martial au contraire étaient larges. Au-dessus des bas-côtés régnait une tribune ne recevant aucune lumière du dehors et ouvrant à l'intérieur du vaisseau, au-dessus de l'arcade de chaque travée, ses baies géminées encadrées d'un arc de décharge. Cette tribune se continuait par une simple soupente au pourtour du rond-point du sanctuaire à partir de la seconde travée du chœur. Le sanctuaire était fort clair, au témoignage de plusieurs écrivains : la lumière lui était fournie par une rangée de hautes fenêtres au-dessous desquelles s'ouvraient de petites baies laissant pénétrer un peu d'air et de lumière dans les combles du déambulatoire. La partie haute et le transept avaient été l'objet de réparations et même d'une reconstruction partielle au milieu du quinzième siècle.

Saint-Martial eut primitivement deux clochers : l'un, sur la coupole, à la croisée du transept, avait de bonne heure été démoli et remplacé par un clocheton ; l'autre, à l'entrée de la nef, subsistait encore lors de la démolition de l'édifice, mais sa pyramide menaçant ruine avait dû être enlevée dès 1752.

Toute cette construction était simple jusqu'à l'austérité, d'une architecture solide et trapue, presque sans sculptures et n'offrant d'autre décoration que quelques morceaux de cette serpentine vert-noir qui est le seul marbre de notre pays, et des peintures de diverses époques.

Le plan de Saint-Martial offre en somme, d'après M. de Lasteyrie, de grands rapports avec celui de l'abbatiale de Saint-Savin, construite peu d'années auparavant (on sait que le monastère limousin avait emprunté son premier chef à la vieille abbaye poitevine) ; mais l'architecture de Saint-Martial rappelle surtout l'école auvergnate ou plutôt la grande école du Sud-Ouest à qui nous devons Saint-Sernin de Toulouse, l'église de Conques et nombre d'autres monuments remarquables. L'ensemble de la construction accusait le douzième siècle, et M. de Lasteyrie estime que l'église subsistant à la Révolution n'était pas la basilique dédiée par le pape Urbain II, en 1095. La nef tout au moins avait été reconstruite à la suite de l'incendie de 1167. On a vu qu'une partie du sanctuaire et du transept l'avait été trois cents ans plus tard.

VIII

Le résultat du travail de reconstitution opéré par M. de Lasteyrie nous semble, autant que nous puissions en juger, satisfaisant dans ses parties essentielles, et l'auteur a eu d'autant plus de mérite que, des documents figurés dont il pouvait s'aider pour ce travail, plusieurs fournissent des indications peu concordantes. Ainsi les données résultant du précieux plan de l'abbé Legros et de la vue intérieure conservée aux Estampes de la Bibliothèque nationale et que nous avons reproduite dans notre notice sur les *Anciens dessins de Limoges*, diffèrent très notablement de celles qu'on peut tirer de la vue extérieure lithographiée par Tripon. Il est même, pour dire la vérité, impossible d'apatroner ensemble ces documents. Tripon, né à Limoges en 1801, ne pouvait avoir gardé aucun souvenir personnel bien précis de la basilique. Il s'est visiblement inspiré de la silhouette esquissée au plan de Fayen (1594), simple croquis n'ayant sans doute aucune prétention à une rigoureuse fidélité. Mais il a complété ce dessin à l'aide de renseignements verbaux ou de documents graphiques. Et à ce sujet nous nous permettons d'élever un doute sur l'exactitude d'une indication assez importante de la reconstitution proposée par M. de Lasteyrie.

Suivant lui, la nef, qui était fort longue, — elle mesurait 52ᵐ80 et ne comptait pas à l'origine moins de dix travées, — et qui ne recevait aucun jour par le côté ouest, puisqu'une tour massive était accolée au pignon de l'édifice, — n'aurait été éclairée que par les collatéraux, au moyen de fenêtres percées dans la partie inférieure des murs, au-dessous des tribunes. Or la plupart de ces fenêtres mêmes étaient, sinon aveuglées, tout au moins en partie obstruées et cachées, au midi par des maisons contiguës (au douzième siècle par les bâtiments claustraux placés précisément contre cette partie de l'église), au nord par les constructions de Saint-Pierre-du-Sépulcre et certaines annexes. Si on considère d'autre part que le chœur des moines, comprenant les deux dernières travées, beaucoup plus larges que les autres, était précédé d'un jubé, et que le sanctuaire, à l'extrémité de ce chœur, était tendu de deux rangs de tapisseries, on se rendra compte que le jour fourni par les baies du rond-point du sanctuaire à cette partie de l'édifice n'était rien moins que suffisant. La nef aurait donc paru, dans l'hypothèse de M. de Lasteyrie, plus qu'obscure, et les bas-côtés, éclairés de chaque côté par trois ou quatre fenêtres au plus pouvant donner un peu de jour, eussent presque rappelé les catacombes. Les écrivains qui ont décrit la basilique auraient certainement signalé cet état de choses, car l'effet en eût été frappant. Or nous ne voyons pas qu'aucun la mentionne. De plus, le dessin de Tripon indique des fenêtres dans la partie haute de la nef. Nous n'attachons pas une grande valeur aux indications de cette lithographie, nous l'avons fait comprendre plus haut. Néanmoins, Tripon a exécuté son dessin avant 1837, c'est-à-dire trente ans à peine après la démolition de l'édifice : beaucoup de personnes vivaient alors qui, ayant vu la basilique debout, étaient en mesure de fournir au dessinateur des indications, et celui-ci ne pouvait se permettre des écarts de fantaisie trop criants, et de nature à déprécier son ouvrage. Assurément le croquis de Fayen, auquel il a emprunté certains détails, n'indique pas de fenêtres dans le haut des murs latéraux de l'église ; mais il n'en indique pas non plus dans la partie basse. Par conséquent, il n'y a pas à tirer argument d'une telle lacune, d'autant que l'exiguité des proportions du croquis suffirait à expliquer l'absence de baies quelconques à cette silhouette ; nous ferons de plus remarquer que la hauteur même de la muraille de la nef au-dessus du toit du bas-côté figurée par le médecin géographe, est telle qu'on ne saurait pour ainsi dire la concevoir sans fenêtres. Ajoutons que des auteurs notent que le chœur paraissait étroit. Evidemment la nef, dont la largeur et la hauteur étaient les mêmes, devait produire le même effet. La largeur de la nef principale étant donnée par Desmarets : 8^{m}80, le spectateur aurait-il éprouvé cette impression si la hauteur du vaisseau n'eût pas été supérieure à 17 mètres, mesure résultant de la coupe donnée par M. de Lasteyrie, à la page 302 ? Il semble donc que la voûte fût plus élevée et que par suite, au-dessus des tribunes de la nef tout au moins (s'il est exact que celles-ci ne fussent pas éclairées), il existât des fenêtres ou des ouvertures quelconques donnant un peu de lumière à cette partie du long vaisseau qui, à défaut d'une telle disposition, se serait trouvée plongée dans une nuit perpétuelle.

Au surplus, après avoir indiqué, à la coupe de la page 302, que la nef n'avait pas de fenêtres ouvertes dans la partie supérieure des murs, et qu'elle était éclairée par les seules baies, étroites et basses (3 mètres de haut à peine), percées dans la muraille extérieure, au-dessous des tribunes, M. de Lasteyrie semble dire que ces indications n'ont trait qu'à la nef primitive et que les choses avaient été modifiées plus tard ; on lit, en effet, à la page 304, que « l'église, telle qu'elle subsistait au siècle dernier, avait, au-dessus des tribunes, de grandes fenêtres à meneaux. » Et l'auteur invoque, à l'appui de l'existence de ces baies, le dessin de Tripon. Il aurait pu rappeler également que les contreforts dessinés au croquis de Fayen, montent jusqu'à la hauteur de la toiture de la grande nef et semblent dénoter l'existence de murs extérieurs plus hauts que ceux de la coupe en question.

Les plans qui accompagnent l'ouvrage ne peuvent pas donner lieu à beaucoup de remarques. Celui de Legros est un document des plus précieux et sans lequel tout travail de reconstitution eût sans doute été impossible.

Nous avons parlé tout à l'heure du jubé. M. de Lasteyrie estime qu'il était en pierre (p. 318). C'est une erreur. Il était de bois, comme en témoigne en termes catégoriques l'abbé Bullat. L'auteur du *Tableau ecclésiastique et religieux de la ville de Limoges* ajoute que c'était un « joli » ouvrage. Il appartenait sans doute à l'ensemble de boiseries sculptées qui constituait la garniture et la décoration principale du chœur des religieux, et qui comprenait une clôture extérieure, une « belle enceinte » pour employer le mot de Bullat, et une double rangée de stalles ; on en avait ajouté, à une époque postérieure, une troisième pour les vicaires du chapitre.

IX

Les ouvrages de sculpture étaient assez nombreux à Saint-Martial. M. de Lasteyrie ne parle guère que du groupe énigmatique de « La Chiche » et du tombeau du cardinal de Mende. La sépulture du cardinal de Sarragosse, qui faisait face à ce dernier, méritait mieux qu'une simple mention, et peut-être, à défaut d'une description complète dont nous n'avons pas les éléments, eût-il été possible de donner au moins quelques indications sur ce monument et l'effigie qui le décorait. On peut s'étonner de ne pas trouver dans notre livre un seul mot sur les statues des Jauviond, le rétable de la chapelle de Sainte-Agathe et sa Vierge que plusieurs témoignages représentent comme une œuvre fort intéressante ; la statue de sainte Madeleine ; celle de « Notre-Dame du Saint-Sauveur », en grande vénération dans notre ville et à l'honneur de laquelle avait été fondée une très ancienne confrérie dont la Bibliothèque nationale possède les statuts datés de 1212. Un passage de chronique, reproduit au tome XVII, p. 236, des *Historiens de France*, nous apprend que cette Vierge fut placée en 1219 au-dessus du maître autel et qu'elle avait été exécutée ou commandée par Jacques Bortes (Borzes ?) et J. Chambon. Mais il existait à Saint-Martial un morceau de sculpture plus important et qui eût dû appeler d'une façon toute particulière l'attention de l'archéologue et de l'artiste qu'est l'auteur de notre livre ; le grand bas-relief représentant la Cène, encastré dans le mur méridional de la basilique, au-dessus du portail.

Disons en passant, puisque nous sommes sur le chapitre des sculptures, qu'il y a quelques raisons de penser que les statues du clocher étaient anciennes ; M. de Lasteyrie serait plutôt disposé à les croire modernes. Les éléments d'appréciation manquent pour résoudre le problème.

Plus complète nous semble, dans le volume qui nous occupe,

l'énumération des peintures qui décoraient la basilique. Les églises antérieures en avaient possédé aussi et nous ne manquons pas de détails sur ces œuvres, d'un intérêt tout particulier. Il eût été possible d'ajouter à ces renseignements quelques indications touchant les vitraux.

Ce que dit M. de Lasteyrie de la vieille église de Saint-Pierre-du-Sépulcre, de la crypte de Saint-Martial, de la chapelle de Saint-Benoit, des œuvres d'art qui les décoraient; la description un peu sommaire qu'il donne des bâtiments claustraux, tout cela est conforme à ce que nous savons par ailleurs. Mais outre qu'il eût pu, en recueillant, avec les passages des chroniques s'y rapportant, divers renseignements précieux donnés par Le Duc, Bullat, Legros et autres, ajouter quelques détails intéressants sur ces constructions ou tout au moins sur certains des bâtiments, on peut relever deux ou trois erreurs dans cette partie de son étude. D'après lui, par exemple, la clôture de l'ancien monastère s'étendait jusqu'à la porte Tourny actuelle (p. 324), alors qu'avant la fin du douzième siècle, elle s'arrêtait à la place de « Sous les Arbres » (place Fournier) : les terrains avoisinant Saint-Pierre restant en dehors du Château. Ajoutons que, dans le plan où M. de Lasteyrie indique l'emplacement des constructions du monastère, par rapport aux quartiers édifiés sur ces terrains, l'hôpital est mal placé : l'auteur le représente comme bordant la rue Sainte-Valérie, alors qu'il était en façade sur la rue Pont-Hérisson.

De plus, M. de Lasteyrie a complètement omis de parler d'un monument digne, à divers titres, de son attention et de celle de ses lecteurs.

Il existait, auprès de la basilique, un très ancien baptistère, où, au dixième siècle, on administrait le baptême à Pâques et à la Pentecôte et dont il est parlé aux actes si curieux du Concile de Limoges de 1031. Rappelons les premières lignes de ce passage : — *In oratorio Sancti Johannis Baptistæ, quod est ad meridiem sursum secus Salvatoris basilicam, fontes ab antiquis temporibus preparati sunt, et tantummodo in Pascha et Pentecoste ibi semper solet agi baptismus*, etc. Les enfants qui naissaient dans le Château le reste de l'année recevaient le sacrement aux fonts de Saint-Michel, la seule église paroissiale enclose alors dans les murailles (1). On sait que, jusqu'à la Révolution, Saint-Jean en Saint-Etienne, ancien baptistère de l'église cathédrale, conserva le privilège de recevoir seul aux fonts baptismaux tous les enfants venus au monde pendant les octaves de

---

(1) Nous avons dit que Saint-Pierre-du-Queyroix n'était pas, avant la fin du douzième siècle, compris dans les remparts.

Pâques et de la Pentecôte dans la Cité, la ville, les faubourgs et tout le territoire *intra cruces*. Ce privilège, maintenu à travers les âges et encore sanctionné au dix-septième siècle par des jugements du siège sénéchal, avait été, on le voit, partagé par le baptistère de Saint-Martial, au moins pour la ville du Château et les terres de l'abbaye. On a cru que la chapelle de La Courtine avait pu s'élever sur l'emplacement de cet ancien baptistère ; ce n'est pas notre avis : celui-ci devait être tout auprès de la porte du midi de la basilique. La chapelle de la Courtine, dont les substructions ont été en partie mises au jour il y a peu d'années, en était distante d'une trentaine de mètres.

Autre oubli qu'il ne nous est pas permis de ne pas relever. Le livre ne dit mot des statues qui ornaient le cloître ; c'étaient pourtant les œuvres de ce genre les plus notables et les plus curieuses que possédât notre ville avant la Renaissance.

L'abbé Le Duc, curé de Saint-Maurice, dans l'*Etat du clergé et du diocèse de Limoges* (1702), parle des niches qui subsistaient sur un des côtés de la cour et des « grandes figures de Notre Seigneur, de la Sainte-Vierge, des Apôtres, de Saint-Martial, de Sainte-Valérie et d'autres saints, au-dessus de nature » qu'on y voyait ». Ces statues, « d'excellent ouvrage », étaient encore au nombre de vingt deux au dix-septième siècle. L'auteur des *Annales manuscrites de Limoges* n'hésite pas à les proclamer « des plus belles de France » (1). Nous ne connaissons pas un seul fragment de ces figures et nous sommes obligé de nous en rapporter à son appréciation. Fût-elle un peu exagérée, il n'en resterait pas moins qu'il y avait là un ensemble d'une certaine importance offrant un incontestable intérêt d'art.

La basilique limousine, supprimée par un décret de l'Assemblée nationale, avec toutes les collégiales non annexées à un siège épiscopal, fut fermée le 17 décembre 1790, après le transfert à Saint-Michel des reliques de Saint-Martial. Certaines parties étaient en fort mauvais état et menaçaient ruine, malgré les réparations presque incessantes exécutées par le chapitre au vieil édifice depuis le commencement du siècle. L'église avait été remise aux officiers municipaux ; ceux-ci la vendirent, pour être démolie, à un entrepreneur qui n'était autre que son ancien architecte. Les travaux paraissent avoir commencé au cours de l'été 1791 ; mais ils ne furent pas poussés très activement, et maints suspects trouvèrent — le souvenir de faits de ce genre est conservé dans notre propre famille — une cachette, durant la Terreur, dans les combles de l'immense construction.

(1) Publiées par MM. Emile Ruben, Félix Achard et Paul Ducourtieux Limoges, Vᵉ Ducourtieux, 1873; p. 191.

Cinq ans après la vente de la basilique, on n'avait pas encore touché à la grande tour carrée, de laquelle une des rues des plus commerçantes de la ville, la rue du Clocher, tenait sa dénomination. A la fin de messidor an V seulement commença la démolition de cette partie de l'église. On fut obligé de prendre de grandes précautions pour ne pas trop endommager les maisons voisines, qui durent être évacuées. L'abbé Texier assure, dans l'édition donnée par lui de l'opuscule de Bandel sur la *Dévotion des anciens chrétiens à Saint-Martial*, qu'en 1807, c'est-à-dire dix ans plus tard, le clocher était encore debout ; qu'on employa aux travaux de démolition des prisonniers russes et que l'œuvre de destruction ne fut achevée qu'en 1809. Peut-être y a-t-il une erreur dans ces indications. Il semble qu'il faut fixer à 1805 ou 1806 la disparition des derniers vestiges de Saint-Martial.

Il existe, dans les registres d'arrêtés du préfet, aux archives de la Haute-Vienne (série K), un arrêté du 2 février 1805 (13 pluviose an XIII), prescrivant l'achèvement des travaux de démolition de la basilique et le nivellement du terrain. C'est, à notre connaissance, le dernier document officiel qui concerne l'église de Saint-Martial et une sorte d'acte authentique de décès. Nous donnons le texte de cet arrêté, dont nous devons la communication à l'obligeance de M. l'archiviste Leroux :

Du 13 pluviôse an XIII

« Vu la loi du dix-huit nivôse an XIII, relative à l'achèvement de la démolition des bâtiments dans l'enceinte des villes,

» Le Préfet du département de la Haute-Vienne,

» Considérant que la veuve Broussaud, propriétaire des démolitions provenant de la ci-devant église de Saint-Martial, a eu, d'après son adjudication, le temps plus que suffisant soit pour la démolition soit pour l'enlèvement des matériaux,

» Arrête :

» Article 1er. — La veuve Broussaud, propriétaire des démolitions provenant des bâtiments de la ci-devant église de Saint-Martial, sera tenue de parachever, dans le délai de trois mois à dater de ce jour, les démolitions qui restent à faire et de faire enlever les dits matériaux.

» Art. 2. — Elle sera également tenue de faire combler les excavations qui existent dans l'emplacement qu'occupait cet édifice, de faire régaler le terrain et de clore de murs ou de cloisons en planches les parties de terrain qui peuvent lui appartenir.

» Art. 3. — Faute par elle de se conformer aux dispositions ci-dessus, il y sera pourvu à ses frais, d'après l'art. 2 de la loi ci-dessus rapportée.

» Art. 4. — Expédition du présent arrêté sera adressée au maire de Limoges, qui demeure chargé de le ramener à exécution et d'en rendre compte au Préfet.

» *Signé* : Texier-Olivier ».

XI

Nous savons qu'au moyen âge, le trésor de Saint-Martial posséda des richesses considérables ; mais aucun objet important provenant de la sacristie de la basilique n'a été conservé, et la Révolution a anéanti jusqu'aux reliquaires et ornements relativement modernes qui rappelaient de bien loin les splendeurs de l'ancien trésor de l'abbaye. Il n'en est pas de même de la bibliothèque qui, vendue au Roi par les chanoines, en 1732, subsiste encore en très grande partie et constitue, au jugement de l'éminent administrateur de la Bibliothèque nationale, M. Léopold Delisle, un des fonds les plus précieux de notre grand dépôt parisien. M. de Lasteyrie a estimé que ce n'était pas trop d'un chapitre spécial pour donner à ses lecteurs une idée de cette collection, composée aujourd'hui d'environ deux cents manuscrits, dont plus de moitié antérieurs au treizième siècle (soixante-quinze remontent aux ixe, x^e et xie) et comprenant non seulement des ouvrages de dévotion et d'ascétisme, des traités des Pères de l'Église et des liturgistes, mais un assez grand nombre de volumes d'écrivains profanes, de chroniqueurs, d'historiens et quelques livres de science. Notre auteur n'a pas négligé de faire ressortir l'intérêt, la variété des miniatures qui ornent ces manuscrits et qui mériteraient une étude plus détaillée et plus attentive.

Nous aimerions assez à discuter l'opinion de M. de Lasteyrie sur l'influence qu'ont pu exercer les enluminures des manuscrits de Saint-Martial sur le travail et le goût de nos émailleurs, ou plutôt sur les rapports qui ont pu exister entre l'une et l'autre catégories d'artistes. Nous serions assez disposé à croire que ces rapports ont été plus étroits et plus importants qu'il ne l'estime, et à en retrouver plus de traces en rapprochant certaines miniatures de certaines pièces d'orfèvrerie et d'émaillerie. Nous reconnaissons toutefois que ces rapports ne s'accusent pas avec une entière évidence. Au reste, pas plus que M. de Lasteyrie, nous ne croyons à l'existence d'une école d'orfèvrerie à l'intérieur du monastère. Nous n'avons, à cet égard, ni preuves ni sérieuses présomptions ; — pas plus, disons-le en passant, qu'en ce qui concerne l'abbaye de Solignac.

XII

Mais il faut ici interrompre notre compte rendu. Nous touchons à la critique la plus sérieuse qu'il y ait lieu d'adresser au livre de M. de Lasteyrie. Cette bibliothèque, dont il résume la composition et dont il fait ressortir le prix, n'est après tout que le témoignage d'un certain état d'esprit, d'un ensemble de dispositions et de travaux, d'un mouvement et d'un rôle qui devaient appeler l'attention de l'historien de Saint-Martial; je dis trop peu : s'imposer à son étude comme un des éléments principaux du travail courageusement entrepris par le jeune écrivain. Grâce à lui, nous connaissons la basilique et le monastère, l'organisation intérieure de la maison, son administration, sa discipline, ses ressources, ses vicissitudes économiques et politiques, les évènements extérieurs dont elle a ressenti le contre-coup ; nous savons entre quelles mains elle a passé, et nous sommes à peu près fixés sur l'esprit religieux et l'état moral de ses habitants aux diverses périodes de son existence. Mais leur état intellectuel, l'auteur a-t-il suffisamment cherché à nous le faire connaître? Nous a-t-il parlé des études qui, au moins à une certaine époque, y ont été en honneur? Pas un chapitre là-dessus, pas même un alinéa spécial. A peine quelques mots incidemment.

Détail qui pourra vraiment surprendre : parmi les titulaires des quarante-quatre offices de l'abbaye, d'anciennes listes nomment le maître d'école — *magister scolarum*, ailleurs *magnus scolaris* (si Legros a bien lu) — qui figure le neuvième dans la série et passe avant tous les prévôts et tous les prieurs, avant le camérier, le chevecier du sépulcre, le trésorier, le pitancier et le célérier. Un sous-maître lui est adjoint. Assurément la tâche de ces deux religieux méritait au moins quelques lignes. Eh bien ! pas un paragraphe ne leur est consacré dans la série des notices sur les offices, où nous voyons figurer des fonctionnaires d'ordre tout à fait inférieur, comme le réfectorier et l'ortallier. Et cependant il y avait quelque chose à dire sur l'école du monastère, et l'aventure arrivée à l'abbé Odolric, dans son enfance, racontée aux p. 71 et 72, aurait dû rappeler l'école monastique au souvenir de notre auteur. Ajoutons que, dans les listes de titulaires d'offices, données par M. de Lasteyrie (p. 412 et suiv.), on ne trouve pas de série relative aux écolâtres. Il pouvait, cependant, sans grandes recherches, en trouver et en nommer cinq ou six.

Ce n'est pas tout; ce n'est même pas là notre plus gros grief contre M. de Lasteyrie : il ne paraît pas s'être préoccupé de savoir quelle part le monastère pouvait avoir eue dans le mouvement littéraire et même s'il en eut une. Or, non seulement les hymnographes de Saint-Martial ont marqué leur place dans la littérature liturgique ; mais cette place est notable, et, de l'aveu d'un des érudits qui ont cherché le plus consciencieusement à s'en rendre compte, M. Alfred Leroux, elle paraît « avoir été beaucoup plus large qu'on ne l'a cru longtemps ». Il est certain que les publications de textes faites depuis quelques années, nous montrent de plus en plus notre abbaye limousine comme un des principaux foyers de poésie liturgique, un des grands centres de production de ces tropes et de ces hymnes que les manuscrits, acquis de nos chanoines par la Bibliothèque du Roi, ont fournies en quantité aux éditeurs, et dont les missels et autres recueils imprimés pour le diocèse, à la fin du quinzième et au début du seizième siècle, conservent encore un assez grand nombre.

Nous n'insistons pas ; mais il y a là, dans l'ouvrage de M. de Lasteyrie, une grave lacune, que nous avons vraiment de la peine à nous expliquer et que l'auteur devra combler à une seconde édition. Sans ce chapitre, dont les textes publiés par les PP. Dreves et Blume, par le chanoine Arbellot et par quelques autres, lui fourniront en partie les éléments, l'histoire de l'abbaye de Saint-Martial ne saurait être tenue pour complète.

XIII

Dans la cinquième division de son livre, M. de Lasteyrie étudie successivement les quatre-vingt quinze prévôtés et prieurés qui dépendaient de l'abbaye. Chacun a sa notice spéciale assortie d'une liste de prieurs, quand les documents consultés ont fourni quelques noms, et même d'un relevé des revenus de la maison. Il va sans dire que, pour beaucoup, ce cadre n'a pu être rempli. Par contre, M. de Lasteyrie a donné la description de celles des églises de ces petits monastères qui ont une certaine importance architecturale : Arnac, Chambon, La Souterraine, Vigeois. On sait que l'abbaye de Vigeois, comme l'abbaye de Terrasson du reste, compta parmi les obédiences de Saint-Martial.

Ces notices, forcément incomplètes, n'en sont pas moins pleines d'intérêt, claires, substantielles, et précisent beaucoup de détails que nous ne connaissions que d'une façon assez vague.

M. de Lasteyrie toutefois s'est trompé sur la situation géographique de quelques-uns de ces prieurés. Celui de **Malval**, par exemple (p. 364 et 383), n'était point situé à Marval, canton de Saint-Mathieu (Haute-Vienne), mais à Malval, canton de Bonnac (Creuse). Il avait été fondé en 1038 par Albert de Chambon, seigneur de Malval (Nadaud : *Pouillé*). Le fait de sa dépendance de la prévôté de Chambon est ainsi expliqué. — *Monasterium*, Saint-Pierre-de-Moutiers, est Moutier-Ferrier, canton de Montbron (Charente), dont l'abbé Aubert acheta l'église en 1150 pour y créer un prieuré, uni en 1486 à la Réfectorerie. L'abbé de Saint-Martial en nomma toujours, d'après Nadaud, et le prieur et le curé. Il ne s'agit donc pas de Moutier-Malcard, dont la cure dépendait de l'évêque de Limoges et de l'abbé du Bourg-Dieu. — Enfin, le prieuré de Villards avait été établi, non près de Darnac (Haute-Vienne), mais dans le canton de Dun (Creuse). Il avait été donné à Saint-Vaury avant 1184 ; après l'union de Saint-Vaury à l'abbaye, la nomination du curé appartint à l'aquilaire du chapitre. — Ajoutons que le lieu des Sécherres, dont M. de Lasteyrie n'a pu déterminer la situation (p. 399) et où le monastère de Saint-Martial avait une prévôté d'une certaine importance dont de nombreux titulaires sont nommés dans les pièces de nos archives, appartient aujourd'hui à la commune d'Aureil, canton sud de Limoges.

Quelques unes de ces notices sont vraiment par trop sommaires. Par exemple, celle relative au petit prieuré de Sainte-Valérie, près Limoges. L'histoire de l'église construite « sur la pierre du martyre de la reine des Gaules » (*Super petram martyrii reginæ Galliarum Valeriæ*) était particulièrement curieuse. Le prieur de Vigeois nous raconte, dans sa chronique, comment, en 1161, douze pauvres jongleurs, s'étant réunis en un modeste festin pour célébrer leur frérie, employèrent les quelques sous, reliquat de leurs cotisations, à construire ou à faire construire, avec les pierres du chemin, une petite chapelle, ou peut-être simplement un abri, un toit, — *tugurium* — au-dessus de la voûte qu'un pieux habitant de la ville avait jadis fait édifier en ce lieu. Les enfants leur apportèrent leur concours, et l'humble oratoire devint comme un lieu de pèlerinage pour les histrions et les bateleurs de la province, qui le fréquentèrent tout particulièrement — *mimi et histriones eo confluere*. — Bientôt on y célébra la messe, et de nombreux miracles y furent opérés par l'intercession de la sainte (Chron. de Vigeois, *ap.* Labbe : *Nova Bibliotheca*, t. II, p. 315). Ce petit monument est peut être la « maison de Sainte-Valérie », *Valeriæ domum*, qu'en 1182, suivant Bernard Itier, détruisirent les bourgeois, au moment du siège. Il est possible toutefois qu'il s'agisse ici du fameux « Château de Sainte-Valérie », dont il reste encore à Beauséjour quelques ruines. En tout cas, l'église, dédiée par Jean de Veyrac en 1212, paraît avoir été abandonnée avant le xvi⁰ siècle par les moines de Saint-Martial. Les protestants s'y établirent après l'édit du mois d'octobre 1561 et y célébrèrent leur culte ; mais une confrérie de femmes qui s'y réunissait protesta, et les bailesses s'adressèrent au présidial pour obtenir justice. Les clefs de l'édifice leur furent rendues en vertu de lettres du roi de Navarre. L'église fut donnée en 1596 (B. de Saint-Amable dit 1597) aux religieux Récollets, qui s'y installèrent le 1ᵉʳ ou le 3 août.

XIV

Nous avons plus haut appelé l'attention sur quelques lacunes du travail de M. de Lasteyrie, dont une seule est vraiment grave et regrettable. Devons-nous mentionner les erreurs relevées au cours de notre lecture, ou les assertions discutables dont nous avons gardé note, en dehors des dates tronquées et d'une assez grande quantité de fautes d'impression, telles que *Brionne* pour *Briance*, *Notre-Dame-des-Arènes* pour *Notre-Dame-des-Arbres*, *Clos Capo* pour *Clos Tapo*, *chambrerie* pour *chantrerie*, etc., etc. ? Bornons-nous à en signaler quelques-unes : — Ce n'est pas l'*abbé Ardant* (p. xvi), c'est M. Maurice Ardant, archiviste de la Haute-Vienne, qui a écrit une notice sur les *Ostensions*. — *Campus Singularis*, dénommé au diplôme, plus que suspect, de 833, et que M. de Lasteyrie n'a pas identifié (p. 47), est vraisemblablement Champsanglard, canton de Bonnat (Creuse). — Nous sommes un peu étonné de ne trouver aucune explication au sujet des passages des obituaires de l'abbaye relatifs à certains princes d'Espagne : *Depositio domni Frezelanni regis; Urraca, soror regis Ispanie,* etc. — M. de Lasteyrie attribue au clergé de Saint-Pierre-du-Queyroix (p. 101), la garde en notre siècle des restes de Saint-Martial qu'il restitue ailleurs, avec raison, au clergé de Saint-Michel. — Il semble croire qu'aujourd'hui encore les chefs de la municipalité de Limoges conservent et exercent les anciennes prérogatives du consulat, en ce qui a trait à ces reliques (*Ibid*), alors qu'ils y ont spontanément renoncé, il y a près de vingt ans, et ont remis à cette époque, aux bayles de la grande confrérie de Saint-Martial, la clef de la châsse, depuis 1806 déposée à l'Hôtel de Ville. — D'après notre auteur, les bourgeois du Château, en 1183, auraient demandé à l'abbé de leur fournir les fonds nécessaires à la réédification des murs (p. 114), alors qu'ils réclamaient seulement, au chef du monastère, la part contributive de celui-ci dans cette dépense. — Saint-Louis, lors des traités de Paris et de Londres, n'aurait, « de tout le Limousin », gardé dans sa mouvance directe que l'évêque et ses possessions (p. 134). Les termes mêmes du traité exceptent, outre les fiefs dépendant du comte de Poitiers, les terres de toute une catégorie de seigneurs, ecclésiastiques ou laïques, munis d'un « privilège » du roi de France : l'abbaye de Solignac, l'abbaye de la Règle et bien d'autres se trouvaient dans ce cas. — Ce n'est point notre impression, que la guerre dite *de la Vicomté* ait eu pour origine ou pour cause directe « les contestations engendrées par les traités » de 1258-1259 (p. 138); la situation créée par ceux-ci nous paraît seulement avoir encouragé les bourgeois dans leur résistance et donné, par l'intervention du roi d'Angleterre, un caractère de gravité beaucoup plus marqué aux évènements. La querelle entre le vicomte et la commune avait d'ailleurs commencé dès 1252. — Peut-on dire, avec l'auteur de *l'Abbaye de Saint-Martial*, que Jeanne de Penthièvre avait cédé, par l'acte du 9 juillet 1369, la vicomté au roi de France « en s'en réservant l'usufruit » (p. 155) ? Ce serait plutôt le contraire; mais aucune de ces énonciations ne répondrait à la réalité. La cession consentie à Charles V par la vicomtesse est complète; complète aussi la rétrocession ou plutôt la contre-lettre du même jour. Il y a là une machination politique évidemment destinée à faciliter les négociations déjà sans doute entamées par le Roi et à tromper les bourgeois. C'est l'évidence de cette manœuvre déloyale qui, au quinzième siècle, lors de la reprise du procès entre le vicomte et la commune, jetait le procureur général et les membres du parlement dans un si cruel embarras : on sait que le procès, entamé en 1415, plusieurs fois arrêté par ordre même du roi, ne fut terminé que par les arrêts de 1538 et 1544 et la transaction de 1566. — M. de Lasteyrie fait envoyer en Limousin par Charles V des troupes pour reprendre la Cité aux Anglais après le sac du 19 septembre 1370 (p. 155). Nous ne croyons pas que le fait se soit produit et une expédition n'était pas nécessaire. Le Prince Noir était reparti aussitôt après avoir assouvi sa vengeance et avait laissé la malheureuse ville ouverte et presque déserte; elle demeura assez longtemps abandonnée. — On chercherait en vain, dans la Marche, la localité du nom de « Vallaube », indiquée comme lieu de naissance de l'abbé Etienne Aumoin (p. 162). *De Valle alba* est Lavaublanche, aujourd'hui commune de Saint-Eloi, et dont une famille bien connue, à laquelle appartenait Etienne Aumoin (1), tirait son nom. — La châsse exécutée en 1647 pour remplacer l'ancien coffre qui renfermait les reliques de l'apôtre d'Aquitaine, n'était pas ornée d'émaux peints (p. 187),

---

(1) *Aumoin* est devenu *Esmoing*. On connaît les Esmoing de LaVaublanche.

mais de plaques de vermeil représentant les principales scènes de la vie de Saint-Martial. La collégiale possédait toutefois une série de magnifiques émaux de Jean Pénicaud, signalée du reste par M. de Lasteyrie (p. 320), retraçant à peu près les mêmes épisodes. Il y a quelque raison de croire que ces petits tableaux sont ceux-là même que possède aujourd'hui Mme Ve Bardinet. Toutefois la série n'est pas complète. — Ce n'est pas tout à fait de nos jours que les deux villes de Limoges se sont fondues en une ville unique (p. 193) : Il y a déjà plus d'un siècle que cette réunion a été effectuée ; elle remonte à la date du 11 novembre 1792. — Contrairement à l'indication donnée à la page 199, nous ne croyons pas qu'aucun membre du Chapitre de Saint-Martial ait péri sur l'échafaud pendant la période révolutionnaire. Notre savant confrère, M. le chanoine Lecler, si versé dans l'histoire de cette époque, n'a pu nous en citer un seul. — L'Hôpital général ne fut pas établi, à l'origine, dans les bâtiments de l'ancien hôpital Saint-Martial (p. 217), mais dans ceux de Saint-Gérald. Un chroniqueur contemporain note même le transfert dans cet établissement des pauvres de Saint-Martial. — Il eût peut être été utile de faire remarquer — et une observation de l'important article de M. Leroux dans les *Annales du Midi* suggère celle-ci — que la basilique de Saint-Martial, bien que placée au milieu de la ville du Château, ne paraît avoir été à aucune époque chargée d'un service paroissial. L'unique église affectée à ce service jusqu'à l'extension des remparts, dans les dernières années du douzième siècle, était Saint-Michel-d'En-Haut, Saint-Michel-des-Lions — *ecclesia Archangeli superior*. Le passage des actes du concile de 1031 que nous avons cité à propos du baptistère de Saint-Jean, l'énonce d'une façon catégorique : c'est à Saint-Michel qu'est administré le baptême aux enfants nés dans le Château, durant toute l'année. A Pâques et à la Pentecôte seulement, l'exercice de ce droit est suspendu et Saint-Martial réclame son antique prérogative : *per totum annum in ecclesia sancti Michaelis de illa superiori parrochia baptizantur infantes.*

A propos de Saint-Michel, relevons une erreur échappée à M. de Lasteyrie : il estime que la grosse boule de cuivre du clocher pourrait bien être contemporaine de la tour elle-même, construite en 1483 (p. 313). C'est faire peu d'honneur à l'époque où commence précisément à se développer dans notre ville l'art délicat et charmant de la peinture en émail, que de lui attribuer cet ornement d'un si bizarre effet et d'un goût si contestable. Il date seulement de 1824 et a été posé le 6 septembre de cette année. On assure que l'idée de couronner ainsi l'édifice le plus élevé de la ville fut suggérée par les souvenirs rapportés de la campagne de Russie.

Ne descendons pas des hauteurs où nous a entraîné notre sujet sans relever la théorie, peu orthodoxe, émise par M. de Lasteyrie, à propos du clocher de la basilique de Saint-Martial, sur le rôle des pyramides de nos tours vis-à-vis de la foudre, laquelle, suivant notre auteur, « frappe surtout les objets pointus ». Et dire qu'il édite ce lapsus scientifique pour appuyer une « pointe », inoffensive du reste, sur l'efficacité des reliques..... N'est-il pas permis de reconnaître là une spirituelle vengeance des saints ?

M. de Lasteyrie n'a pu retrouver l'emplacement de la Bibliothèque (p. 332). Le texte suivant, daté de 1566 et qu'on lit à la page 493 du répertoire n° 9470, aux Archives du département de la Haute-Vienne, sans donner des indications entièrement précises à ce sujet, permet néanmoins de se rendre compte d'une manière très approximative de la situation de ce bâtiment : « Maison dans le reclos de l'abbaye, confrontant entre la maison abbatialle et le cimetiere de ladite eglise, appelée *Dessous les Arbres*, d'une part; la chapelle de lad. eglise, appelée de Saint-Benoît, d'autre; la maison anciennement apellée *La Librairie*, d'autre, et le petit cloistre de Saint-Martial, par le derriere..... »

Tout cela a peu d'importance et ne saurait diminuer la valeur de l'ouvrage de M. de Lasteyrie. Tous les Limousins aimant leur province liront avec plaisir, avec fruit, ce beau et bon livre, qui nous restitue en quelque sorte une part importante, glorieuse et trop longtemps oubliée de notre patrimoine historique et religieux. L'auteur nous permettra seulement de caresser l'espérance de le voir, dans quelques années, publier une seconde édition, corrigée avec soin et cette fois sans lacune, de son remarquable travail. Celle-ci sera, pour nos bibliothèques limousines, l'histoire véritable, complète et définitive de l'abbaye de Saint-Martial.

Limoges, imp. V° H. Ducourtieux, 7, rue des Arènes.

www.ingramcontent.com/pod-product-compliance
Lightning Source LLC
Chambersburg PA
CBHW060910050426
42453CB00010B/1644